D1653282

novum pro

Bernhard Kadenbach

Wozu lebt der **Mensch** und woher kommt das **Böse**?

Gedanken und Ansichten eines Naturwissenschaftlers

www.novumverlag.com

Bibliografische Information
der Deutschen Nationalbibliothek:

Die Deutsche Nationalbibliothek
verzeichnet diese Publikation in
der Deutschen Nationalbibliografie.
Detaillierte bibliografische Daten
sind im Internet über
http://www.d-nb.de abrufbar.

ISBN 978-3-95840-054-2
Lektorat: Volker Wieckhorst
Umschlagfoto:
Bernhard Kadenbach
Umschlaggestaltung, Layout & Satz:
novum Verlag

Gedruckt in der Europäischen Union
auf umweltfreundlichem, chlor- und
säurefrei gebleichtem Papier.

www.novumverlag.com

Inhaltsverzeichnis

1. Einführung

Es gehört zur allgemeinen Erfahrung, dass die Welt im Prinzip erkennbar ist. In den letzten drei Jahrhunderten hat unser Wissen über die physikalischen, chemischen und biologischen Gesetze unserer Welt drastisch zugenommen. Sowohl die Dimensionen des Kosmos und die Strukturen der Materie im Weltall als auch die biochemischen Grundprinzipien des Lebens sind auf molekularer Ebene in weiten Teilen erforscht. Durch das Internet werden heute fast alle neuen Erkenntnisse Teil eines „Weltwissens" und werden in einem „Weltgedächtnis" gespeichert (z. B. das Internet-Lexikon Wikipedia). In der westlichen Welt ist der Glaube früherer Jahrhunderte an spirituelle Phänomene und an einen Schöpfer-Gott weitgehend einem Glauben an die Erkennbarkeit und Machbarkeit aller Dinge gewichen. Es bleibt die Frage nach dem Ziel menschlicher Erkenntnis. Kann der Mensch durch vermehrtes Wissen über den Kosmos, die Natur, die physiologischen Strukturen im Gehirn und die Psychologie des Denkens und Fühlens den Sinn seines Lebens erkennen? Und gibt es eine Erklärung für das Böse in der Welt?

Nach den fürchterlichen Kriegen und Katastrophen des vergangenen Jahrhunderts zwischen den „humanistischen" Staaten der westlichen Welt erhebt sich die Frage, warum sich das Böse auch bei aufgeklärten und vernünftigen Menschen so massiv ausbreiten konnte. Insbesondere in unserem „Land der Dichter und Denker" wurden unvorstellbar grausame Taten von intelligenten und klugen Menschen verübt. In der vorliegenden Schrift wird versucht, eine Antwort auf die alte Frage nach der Ursache allen Übels in der Welt zu geben. Diese Frage hatte schon der griechische Philosoph Epikur (341–ca. 270 v. Chr.) formuliert: *„Entweder will Gott das Übel beseitigen und kann es nicht, oder er kann es und will es nicht, oder er kann es nicht und will es nicht, oder er kann es und will es. Wenn er nun will und nicht kann, ist er schwach, was auf Gott nicht zutrifft. Wenn er kann und nicht will, ist er missgünstig, was ebenfalls Gott fremd ist. Wenn er nicht will und nicht kann, dann ist er sowohl* *missgünstig wie schwach und dann auch nicht Gott. Wenn er aber will und kann, was allein sich für Gott ziemt, woher kommen dann die Übel, und warum nimmt er sie nicht weg?*" [1] Auch wird versucht, auf die Bemerkung des deutschen Schriftstellers Wolfgang Eschker (geb. 1941): „*Gott schuf den Menschen nach seinem Bilde. – Das hat er nun davon.*" [2] eine Erklärung zu geben.

Fragen nach Gut und Böse sind einer naturwissenschaftlichen Analyse nicht zugänglich. Daher müssen historische Berichte und Mitteilungen von „Propheten" über Gott und ein jenseitiges Leben herangezogen werden. Soweit es im Neuen Testament berichtet wird, erscheint unter allen Religionsstiftern und Propheten der Geschichte nur Jesus Christus, der sich Sohn Gottes nannte, ohne Schuld und Sünde. Seine Lehre, nicht aber die Vorschriften der katholischen oder anderer christlicher Kirchen wird von vielen als die vollkommenste unter allen Religionen betrachtet, weil sie von den Menschen das Schwerste verlangt, wozu sie fähig sind, nämlich die Feindesliebe: „*... Liebt eure Feinde und betet für die, die euch verfolgen, damit ihr Söhne eures Vaters im Himmel werdet ...*" [Mat. 5,44-45]. Seine Lehre der Gewaltlosigkeit („*Wenn dich einer auf die linke Wange schlägt, dann halt ihm auch die andere hin.*" [Mat. 5,39]), der Gerechtigkeit und Liebe, erscheint für viele Menschen durch seinen Tod am Kreuz dokumentiert. Aus der Summe von schriftlichen Quellen, persönlichen Erfahrungen und logischen Schlussfolgerungen wird ein Bild vom Menschen gewonnen, das keineswegs im Widerspruch zu den Naturwissenschaften steht. Allerdings sind Vorstellungen und Erkenntnisse über Gott und das Jenseits nicht wissenschaftlich beweisbar. Sie können nur geglaubt werden. Für viele bedeutende Naturwissenschaftler waren sie aber vernünftig, logisch und sinnvoll.

Von den meisten Menschen werden diese Vorstellungen über Gott und das Jenseits sehr heftig und total abgelehnt werden, denn sie betreffen jeden Einzelnen von uns. Der amerikanische Regisseur Larry Cohen (geboren 1938) hat dazu gemeint: „*Ich denke jeder, der sich anmaßt zu wissen, was Gott denkt, gehört in die Psychiatrie.*" [2] Hier wird nur beschrieben, was ein Naturwissenschaftler über das seit Jahrtausenden schriftlich überlieferte und „geglaubte Wissen" denkt.

2. Was war vor dem Urknall?

Die physikalisch-kosmologische Forschung hat die Entstehung des Universums mit dem Urknall vor etwa 14 Milliarden Jahren wissenschaftlich nachgewiesen. Die gegenwärtige kosmologische Forschung interessiert sich besonders für das Geschehen kurz nach dem Urknall. Unsere Phantasie und unser logisches Denken kann sich aber auch eine Welt vor dem Urknall und außerhalb des Kosmos vorstellen, die ganz verschieden von unserem Universum ist. Eine Welt mit anderen Gesetzen, Dimensionen und Zeitbegriffen, so z. B. ein vierdimensionaler oder n-dimensionaler Raum mit negativer Zeit, wird von manchen Physikern als zumindest theoretisch denkbar gesehen. Es gibt sogar Kosmologen, die die Existenz vieler Universen durch mathematisch-physikalische Gleichungen belegen wollen und die Struktur und die Eigenschaften von Energie vor dem Urknall beschreiben wollen. Natürlich sind das alles rein theoretische Annahmen.

Aber ebenso theoretisch und wissenschaftlich unbewiesen sind Vorstellungen über die Existenz eines geistigen Jenseits, eines Paradieses außerhalb und unabhängig vom Universum. Der Glaube an ein überirdisches, vollkommenes und göttliches Wesen ist so alt wie die Menschheit selbst. Platon hat vor 2400 Jahren im „Phaidon" die Überzeugung des Sokrates beschrieben, wonach die menschliche Seele bereits vor der Geburt existierte und nach dem Tod weiterlebt. Sokrates hatte keine Furcht vor dem Tod durch den Schierlingsbecher, weil er im Jenseits ein besseres Leben erwartete. Diese Erkenntnis hatte er durch eigenes Nachdenken und logisches Schlussfolgern gewonnen.

Die Frage nach der Ursache des Urknalls wird wohl niemals wissenschaftlich zu beantworten sein. Für viele Menschen und auch für manche bedeutende Naturwissenschaftler bedeutet der Urknall des Kosmos vor etwa 14 Milliarden Jahren den Schöpfungsakt Gottes, wodurch die Gesetze von Raum, Zeit und Materie entstanden sind. In der Genesis des Alten Testaments heißt es:

„*Am Anfang schuf Gott Himmel und Erde*" [Gen 1,25]. Davor gab es nur Gott oder, wie materialistische Naturwissenschaftler sagen würden, gab es nur Energie. Denn auch Atheisten glauben an eine Ewigkeit, die Ewigkeit von Energie und/oder Materie.

3. Die Evolution des Lebens

Mit dem Urknall entstand eine materielle Welt, die in einem dreidimensionalen Raum nach den Gesetzen der Physik, insbesondere der Gravitation, dem Ablauf der Zeit ausgesetzt ist. Die Zeit ermöglicht eine kontinuierliche Entwicklung des Kosmos, der Materie, des Lebens auf der Erde sowie des Menschen auch in Bezug auf seinen Geist und Verstand. Zunächst erfolgte die Evolution der Materie. Es entstanden etwa 140 Milliarden Galaxien, und in einem dieser Sonnensysteme, der Milchstraße, bildeten sich um einen ihrer mehr als 100 Milliarden Sterne, nämlich um unsere Sonne herum, Planeten, wobei sich unser Planet, die Erde, vor etwa 4,6 Milliarden Jahren formte.

Auf der Erde entstanden die Voraussetzungen, unter denen sich Leben mit einer unvorstellbaren Komplexität chemischer Strukturen entfalten konnte. Um Leben zu ermöglichen, muss der Planet eine bestimmte Größe besitzen, der die erforderliche Gravitation aufbringt, um eine Gasatmosphäre, vor allem Wasserdampf neben anderen Gasen, zu halten. Er darf aber nicht zu groß sein, weil eine zu hohe Gravitation zu vermehrten Kernreaktionen und damit zur Überhitzung führen würde. Zwei Drittel der Erdoberfläche bestehen aus Wasser, wodurch die großen Temperaturunterschiede zwischen Tag und Nacht abgemildert werden. Nur mit dem Kohlenstoff als Zentralatom ist die im wahrsten Sinne des Wortes unendliche Vielfalt „organischer" Verbindungen möglich. Kohlenstoffverbindungen sind aber nur in einem sehr begrenzten Temperaturbereich von etwa –50 bis +150 °C stabil und zugleich reaktiv. Für die biochemischen Reaktionen ist flüssiges Wasser als Lösungsmittel essentiell. Die Biosynthese der chemischen Bausteine des Lebens, das sind insbesondere Proteine, Nukleinsäuren, Kohlenhydrate und Lipide, erfordert Energie. Ebenso erfordern alle Aktivitäten des Lebens Energie. Sie stammt fast ausnahmslos ursprünglich von der Sonne. Das Sonnenlicht vom ultravioletten bis zum infraroten Bereich liefert die Energie sowohl für die Erwärmung der Erde als auch für die Entfaltung des Lebens. Nur durch einen optimalen Abstand von der Sonne wird so viel Sonnenenergie auf die Erde gestrahlt, dass das Wasser in den Meeren flüssig bleibt. Nach Verdampfung in die Atmosphäre wird es durch Winde verteilt, um nach Abkühlung auch auf dem Land niederzuregnen. Dadurch erhält das Leben außerhalb der Meere die notwendigen Mengen an Wasser und durch die Verdampfung in die Atmosphäre wird das Wasser immer wieder chemisch gereinigt. Die Erde musste sich drehen, im Unterschied zu unserem Trabanten, dem Mond, damit alle Bereiche der Erdoberfläche vom Sonnenlicht bestrahlt werden. Durch eine Schräglage der Drehachse zur Ebene der Sonnenumdrehung entstanden variable Klimazonen und Jahreszeiten. All diese und viele andere Bedingungen waren Voraussetzung für die Entstehung des Lebens, so wie es auf der Erde existiert. Ohne Kohlenstoff als Zentralatom und die ganz speziellen Bedingungen, wie sie auf der Erde herrschen, ist vielfältiges Leben aus rein chemischen Gründen grundsätzlich nicht denkbar. Darum ist es extrem unwahrscheinlich, dass auf einem anderen Planeten im Weltall Leben existiert. Statistiker können dagegen aus der rein theoretisch angenommenen großen Zahl von Planeten im Weltall eine Wahrscheinlichkeit für die Existenz eines Planeten im tiefen Weltall errechnen, auf dem Leben existieren könnte.

Bereits vor etwa 3,6 Milliarden Jahren, d. h. nur eine Milliarde Jahre nach der Entstehung der Erde, bildete sich im Wasser das Leben in Form von Einzellern bzw. photosynthetischen Bakterien. Trotz intensiver Forschung ist die Entstehung des Lebens auf der Erde nach wie vor ein Rätsel. Bereits die erste lebende Zelle musste sehr komplex gewesen sein und eine Vielzahl von biochemischen Molekülen enthalten, um sich reproduzieren zu können. Photosynthetische Bakterien nutzten die Energie des Sonnenlichts, um aus Kohlendioxid und Wasser sowie aus Stickstoff-, Phosphor- und Schwefelverbindungen die organischen Bestandteile aller lebenden Zellen, insbesondere von Eiweiß, Kohlenhydraten, Lipiden und Nukleinsäuren, herzustellen. Für den Zellaufbau sind außerdem die Metallionen Kalium, Kalzium, Magnesium, Natrium, Eisen,

Kupfer, Zink und Mangan (zur Photosynthese) notwendig. Als Nebenprodukt entstand gasförmiger Sauerstoff, der zunächst bei der Oxidation von löslichen zweiwertigen Eisensalzen zu unlöslichem dreiwertigem Eisenerz sowie bei der Oxidation von Schwefelwasserstoff bzw. Sulfid zu Sulfat verbraucht wurde. Auch sulfidische Schwermetallmineralien wurden oxidiert, zum Beispiel FeS und FeS_2 zu Fe_2O_3 und Sulfaten. Erst vor etwa 400 Millionen Jahren stieg der Sauerstoffgehalt der Atmosphäre auf den heutigen hohen Wert von 21 % an. Der Kohlendioxidgehalt sank dagegen auf etwa 0,03 % ab (heute etwa 0,04 %).

Das Leben scheint nur einmal entstanden zu sein, denn der biochemische Grundaufbau ist in allen Lebewesen gleich. Dazu gehört z. B., dass alle Proteine aus 20 verschiedenen Aminosäuren, und nur aus diesen „proteinogenen" Aminosäuren, aufgebaut sind, und das sind 20 linksdrehende L-Aminosäuren und nicht rechtsdrehende R-Aminosäuren, dass alle Zellen im Innern vorwiegend Kalium und außen Natrium enthalten und dass in allen Zellen ATP (Adenosintriphosphat) als wichtigster chemischer Energielieferant dient. In den weiteren 1,5 Milliarden Jahren wurden riesige Mengen an Biomasse erzeugt und durch tektonische Bewegungen unter die Erdoberfläche gebracht. Weil der Sauerstoffgehalt in der Atmosphäre, der durch die Photosynthese als Nebenprodukt entstanden war, zunächst noch sehr gering war, wurde das Biomaterial nur zum Teil durch oxidativen Abbau von aeroben Bakterien oder durch Verbrennung wieder abgebaut. So entstanden unter sauerstofffreien Bedingungen aus der Biomasse die mächtigen Lagerstätten von Erdgas, Erdöl, Steinkohle, Braunkohle und Schieferkohle, von denen wir heute unsere Energie zum Heizen, für den Betrieb von Maschinen und zur Fortbewegung mit Fahrzeugen oder Flugzeugen beziehen. Ohne diese fossilen Energiequellen wäre die seit dem 19. Jahrhundert exponentiell ansteigende Weltbevölkerung nicht möglich gewesen.

Vor etwa 2,1 Milliarden Jahren nahm die Komplexität des Lebens durch die Bildung der „eukaryontischen Zelle" erheblich zu. Eukaryonten sind Zellen mit einem Zellkern und Zellorganellen wie zum Beispiel Mitochondrien und das endoplasmatische Retikulum. In den Mitochondrien, auch Kraftwerke der Zellen genannt, wird etwa 95 % der chemischen Energie, die für das Wachstum und Leben aller nicht-photosynthetischen Zellen erforderlich ist, in Form des Moleküls ATP, durch „kalte Verbrennung" der Nährstoffe gebildet. Die Entstehung von mehrzelligen Lebewesen, d. h. von Lebewesen, die für uns sichtbar sind, wird vor 1,2 Milliarden Jahren angenommen. Die Paläontologen bezeichnen das Zeitalter von der Erdentstehung bis zur Massenentfaltung vielzelligen Lebens als Präkambrium (von 4600 bis 542 Millionen Jahren vor unserer Zeit).

Die geologische Geschichte der Erde stellt eine einzige Folge von Katastrophen dar. Erdbeben, Vulkanausbrüche, Eiszeiten und Überschwemmungen verwüsteten die Erde. Der Einschlag von Meteoriten sowie die zahlreichen Vulkanausbrüche verfinsterten die Atmosphäre des gesamten Erdballs über Jahre und führten zu fünf großen Massensterben, wobei mehr als 40 % aller Gattungen ausstarben. Besonders bedeutsam war das Aussterben der Dinosaurier, die von vor etwa 235 bis 65 Millionen Jahren lebten. Als Ursache für das Aussterben der Dinosaurier vermutet man den Einschlag eines Meteoriten von etwa 10 km Durchmesser im Golf von Mexiko auf der Yukatan-Halbinsel, der einen Krater von 170 km Durchmesser erzeugte (Chicxulub-Krater). Der dabei entstandene Staub verbreitete sich über die gesamte Erdatmosphäre und verminderte die Sonneneinstrahlung derart, dass das Wachstum der Pflanzen und damit die Nahrung für Dinosaurier über Jahre hinweg stark eingeschränkt war.

Das Leben auf der Erde entwickelte sich nach den Gesetzen der Evolution offenbar sehr zielstrebig zu immer komplexeren Organismen, wobei auf unbegreifliche Weise als Endprodukt der denkende Mensch mit seinem Ich-Bewusstsein entstand. Der Mensch entwickelte sich aus dem Affen, seinem direkten Vorfahren, nach den Regeln der Evolution, denn die Evolution ist das Grundgesetz des Lebens, so wie die Gravitation das Grundgesetz der Materie ist. Vor etwa 2 Millionen Jahren entstand in Afrika der aufrecht gehende *Pithecanthropus erectus*. Sein Menschsein erhielt er durch seine Seele, die das Denken, das Ichbewusstsein und den freien Willen impliziert. Die Herausbildung dieser nichtmateriellen Eigenschaften sind allerdings durch die Evolution kaum zu beweisen. Insbesondere kann die Evolution nicht das Böse im Menschen erklären, das in Tieren nicht vorkommt und das der Mensch durch sein Gewissen erkennen kann. Dieser Mensch wanderte vor etwa 200.000 Jahren von Afrika nach Europa und Asien aus. Der moderne Mensch, der *Homo sapiens*, wanderte vor 140.000 Jahren von Afrika nach Europa, Asien, Indonesien und Australien aus. Alle heutigen Menschen stammen von ihm ab.

4. Der Mensch als Person

Die Existenz des Menschen und aller Lebewesen ist endlich und eingebunden in den Ablauf der Zeit. Jedes Lebewesen hat einen Anfang und ein Ende und ist einem ständigen Wandel unterworfen. Menschliches Leben beginnt mit der Geburt (oder der Befruchtung einer Eizelle?) und endet mit dem Tod. Seit dem Beginn des Weltalls mit dem Urknall vor etwa 14 Milliarden Jahren verändert sich alles, was ist, der Kosmos, das Leben auf der Erde und die sozialen Strukturen der Menschen. „*Alles fließt*" sagte schon Heraklit um 500 vor Christus.

Und doch macht jeder Mensch die Erfahrung, dass sein Ich oder Selbst das ganze Leben hindurch ein und dasselbe ist. Vom Beginn der Selbsterkenntnis an in jungen Jahren bis hin zum Greisenalter versteht sich der Mensch immer als dieselbe Person, als ein eigenständiges und unabhängiges Wesen, das sich von allen übrigen inzwischen mehr als sieben Milliarden Menschen auf der Erde unterscheidet. Die Verschiedenheit zeigt sich sowohl auf genetischer und physischer als auch auf psychischer und geistiger Ebene. Jeder Mensch kann durch Lernen sein Wissen und seine Erkenntnisse vermehren und seine körperlichen Fähigkeiten durch Training steigern. Durch Schönheitsoperationen kann er sein Aussehen optimieren und durch Organtransplantationen defekte Organe erneuern. Aber sein Ich, seine individuelle Person, bleibt immer dieselbe. Das Ich-Empfinden ist unabhängig von Krankheit und Alter. Kein Mensch ist mit einem zweiten identisch, und selbst eineiige Zwillinge sind zwei verschiedene Personen. Nicht ohne Grund spricht man daher bei einem Verstorbenen oft von einer „unersetzlichen Person".

Das zeitlose Ich des Menschen haben schon die Griechen als die Seele des Menschen beschrieben, die vom Körper verschieden ist. Die Seele ist im Unterschied zum Körper nicht an Masse, Raum und Zeit gebunden. Allerdings kann sich die Seele des Menschen ohne den Körper nicht äußern, denn alle Äußerungen des Geistes oder der Seele haben eine materielle Entsprechung im Gehirn. Platon berichtet im „Phaidon“ von der Überzeugung des Sokrates (469–399 v. Chr.), die er im Gespräch mit seinen Schülern äußerte, dass die Seele des Menschen bereits vor der Geburt existierte und nach dem Tod im Jenseits weiterlebt. Er habe keine Angst vor dem Tod, denn er freue sich schon auf das Leben im Jenseits. Die Zeitlosigkeit der menschlichen Seele zeigt sich besonders im Traum, in dem sich das Ich zwischen Vergangenheit und Zukunft hin und her bewegen kann. Im Traum werden beliebige Entfernungen zeitlos überwunden, und die Trägheit der Masse spielt keine Rolle. Die Seele des Menschen oder das persönliche Ich erscheint als eine Entität, die von Zeit, Raum und Masse unabhängig ist. Daher wäre es nur konsequent, sie als zeitlos bzw. als unsterblich zu betrachten. Der Tod würde nur die Trennung der unsterblichen Seele vom vergänglichen Körper bedeuten. Ob Tiere eine Seele haben, wissen wir nicht. Doch das menschliche Ich-Bewusstsein ist offenbar Teil unserer Seele und nicht Teil des veränderlichen und vergänglichen Körpers, obwohl es sich in unserer Welt nur durch den Körper äußern kann.

5. Der Mensch hat einen freien Willen

Die Willensfreiheit des Menschen bezieht sich in erster Linie auf das, was wir glauben, nicht auf das, was wir wissen. Allerdings ist das Meiste, was wir als unser Wissen betrachten, Glaubenssache, weil wir es nur in den seltensten Fällen selbst überprüfen können. Es steht uns daher frei, das, was uns als Wissen vermittelt wurde, nicht als wahr zu erkennen und nicht daran zu glauben. Professor Rudolf Ritschl, Professor für Physik an der Berliner Humboldt Universität von 1952–1968, erhielt in den 50er-Jahren des vorigen Jahrhunderts jährlich viele Briefe, in denen die Absender um Prüfung ihrer Erfindung eines *Perpetuum Mobile* baten. Der erste Hauptsatz der Thermodynamik, der im 19. Jahrhundert durch Rudolf Clausius formuliert wurde, lautet:

ΔU (innere Energie) = ΔQ (Wärme) + ΔW (Arbeit)

Er beweist, dass die Energie in einem geschlossenen System weder aus dem Nichts erzeugt noch vernichtet werden kann. Deshalb ist ein *Perpetuum Mobile* grundsätzlich nicht möglich.

Der Mensch ist frei zu glauben, was er will. Mit seinem freien Willen unterscheidet er sich von allen anderen Lebewesen und wird damit zu Recht die „Krone der Schöpfung" genannt. Neben dem Ich-Bewusstsein ist der freie Wille des Menschen das Höchste, was die Evolution hervorgebracht hat. Diese Eigenschaft hat kein Tier, sie wird sonst nur einem Gott zugeschrieben. Damit macht der freie Wille den Menschen „gottähnlich" oder „göttlich", d. h., wir sind alle kleine Götter. In der Genesis des Alten Testaments heißt es: *„Und Gott sprach: Lasset uns den Menschen machen als unser Bild nach unserem Gleichnis"* [Gen 1,25]. Doch unsere „Göttlichkeit" ist begrenzt, denn im Unterschied zu Gott, der schon immer da war und immer sein wird, existieren wir nur für einen winzigen Augenblick in der 14 Milliarden alten Geschichte des Weltalls. Und nach allgemeiner Vorstellung ist Gott allmächtig, denn er erschuf die Welt, dagegen ist unsere Macht sehr begrenzt. Nach atheistischer Vorstellung hat es allerdings einen Gott nie gegeben, im Gegensatz zur Materie, die schon immer existierte und ewig ist. Doch wissen wir heute, dass die Materie erst mit dem Urknall vor etwa 14 Milliarden Jahren entstanden ist. Davor – und darin sind sich alle Kosmologen einig – gab es nur Energie.

Zu unserem Dasein haben wir selbst mit nichts beigetragen. Unser Ich-Bewusstsein, unser logisches Denkvermögen und unser freier Wille wurden uns ungewollt gegeben. Diese drei Eigenschaften besitzt nur die Spezies Homo Sapiens. Auch unsere Intelligenz und Begabungen, z. B. für Mathematik, Musik oder für Sprachen, sind uns ohne unser Zutun im unterschiedlichen Maß gegeben worden. Wir hatten keinerlei Einfluss auf unsere körperlichen Eigenschaften und auf unsere geistigen Begabungen. Ebenso ist der Typ unseres Temperaments – cholerisch, sanguinisch, phlegmatisch oder melancholisch – in uns vorgegeben. Sind das Ich-Bewusstsein, unser logisches Denkvermögen und unser freier Wille das Ergebnis spezifischer Gene? Das Erbgut des Menschen ist zu etwa 99 % identisch mit dem des Schimpansen, der weder ein Ich-Bewusstsein, ein logisches Denkvermögen noch einen freien Willen besitzt. Es ist unwahrscheinlich, dass es den Biochemikern gelingen wird, in den Genen einer menschlichen Zelle das Ich-Bewusstsein oder den freien Willen zu identifizieren.

Auch unsere Fähigkeiten zu denken, zu fühlen, zu wünschen, zu lieben und zu hassen ist in uns vorgegeben, sie wurden uns geschenkt. Außerdem wurde uns ein Gespür für eine übernatürliche Seele und für das eigene Gewissen gegeben, womit wir zwischen Gut und Böse unterscheiden können. Doch unser freier Wille erlaubt es uns, dieses Gespür zu verdrängen und unser Tun und Lassen nach den eigenen Wünschen, nach dem eigenen Willen zu gestalten. Die „Gottähnlichkeit" des Menschen nutzten viele Herrscher der Geschichte, um sich zu Göttern zu erklären. Sie wurden von ihren Untertanen als göttlich verehrt und gefürchtet. Dazu gehörten ägyptische Pharaonen und römische Kaiser, aber auch Diktatoren der Neuzeit, die sich zu absoluten Herrschern über Recht und Unrecht machten, wie z. B. im 20. Jahrhundert

Stalin, Hitler, Mao Tse Tung, Pol Pot. Diese Beispiele haben ausnahmslos gezeigt, dass die Leugnung einer spirituellen Autorität, die über dem Menschen steht und ihm ethische Normen setzt, zu Unterdrückung, Rechtlosigkeit und Gewaltherrschaft führt.

Der freie Wille des Menschen ist mehrheitlich unbestritten. Friedrich Schiller hat es 1797 in seinem Gedicht „*Die Worte des Glaubens*" formuliert: „*Der Mensch ist frei geschaffen, ist frei, Und würd' er in Ketten geboren.*" Und die Freiheit der Gedanken wird in einem altbekannten Volkslied treffend formuliert:

„Die Gedanken sind frei, wer kann sie erraten?
Sie fliehen vorbei wie nächtliche Schatten.
Kein Mensch kann sie wissen, kein Kerker einschließen.
Es bleibet dabei, die Gedanken sind frei."

Doch neuerdings wurden Stimmen von Wissenschaftlern laut, die glauben, aufgrund ihrer Forschungsergebnisse über die Aktivität des Gehirns schließen zu müssen, dass der menschliche Wille nicht frei, sondern von Prozessen im Gehirn kausal determiniert sei (vgl. die Arbeiten von Wolf Singer, Gerhard Roth und Wolfgang Prinz). Sie gehen sogar so weit, zu behaupten, dass der Mensch für seine Taten nicht verantwortlich sei, sondern aufgrund einer vom Gehirn vorgegebenen Kausalkette zwanghaft handelt: „*Das bewusste, denkende und wollende Ich ist nicht im moralischen Sinne verantwortlich für dasjenige, was das Gehirn tut, auch wenn dieses Gehirn ‚perfiderweise' dem Ich die entsprechende Illusion verleiht.*" … „*Wenn also Verantwortung an persönliche moralische Schuld gebunden ist, wie es im deutschen Strafrecht der Fall ist, dann können wir nicht subjektiv verantwortlich sein, weil niemand Schuld an etwas sein kann, das er gar nicht begangen hat und auch gar nicht begangen haben konnte.*" [3] In einer Artikelserie in der „Frankfurter Allgemeinen Zeitung" [2004] zur kontroversen Diskussion über die Willensfreiheit hat erwartungsgemäß die überwiegende Mehrheit der Autoren diesen Thesen widersprochen. Doch warum bezweifeln intelligente Wissenschaftler den freien Willen des Menschen? Der Nachweis, dass im Gehirn Bereitschaftspotenziale messbar sind, bevor einer Versuchsperson der freie Willensakt zur Tat bewusst ist (im Experiment angezeigt durch einen Knopfdruck), ist gewiss eine wichtige Erkenntnis und wert, in einem wissenschaftlichen Journal publiziert zu werden. Publikationen in Tageszeitungen, die im Fernsehen wiederholt werden, bringen jedoch die Bewunderung eines wesentlich größeren Publikums.

Auch das Weltbild der klassischen Mechanik sieht die Welt als deterministisch an. Danach hat alles Geschehen in der Welt eine kausale Ursache mit der Folge, dass bei genügend genauer Information die Zukunft beliebig genau vorhergesagt werden kann. Auch der Physiker Albert Einstein hatte Zweifel an der Willensfreiheit des Menschen: *„Ich glaube nicht an die Freiheit des Willens. Schopenhauers Wort: ‚Der Mensch kann wohl tun, was er will, aber er kann nicht wollen, was er will', begleitet mich in allen Lebenslagen und versöhnt mich mit den Handlungen der Menschen, auch wenn sie mir recht schmerzlich sind. Diese Erkenntnis von der Unfreiheit des Willens schützt mich davor, mich selbst und die Mitmenschen als handelnde und urteilende Individuen allzu ernst zu nehmen und den guten Humor zu verlieren."* [4]

Dagegen ist es in der Quantenmechanik nicht mehr möglich, den Ablauf eines Vorgangs hinsichtlich aller messbarer Größen vorherzusagen, selbst wenn alle prinzipiell zugänglichen Informationen über seinen Anfangszustand bekannt sind. Das Naturgeschehen ist damit nicht vollständig determiniert, sondern unterliegt partiell dem Zufall. Auch in der Biologie gibt es zahlreiche Situationen, in denen der Zufall entscheidet, in welche Richtung das Leben sich entwickelt. Wenn z. B. in einer Zelle die Apoptose, der Prozess der Selbsttötung, angeschaltet wird, gibt es einen Zwischenzustand, wo der Zufall über Leben und Tod der Zelle entscheidet. Ein Gott könnte damit jederzeit in das Weltgeschehen eingreifen, ohne die Naturgesetze außer Kraft zu setzen, indem er in den Grenzsituationen, wo der Zufall über die Richtung des Geschehens entscheidet, den von ihm gewollten Weg bestimmt.

Allerdings wird unser freier Wille durch vielerlei materielle Zwänge begrenzt. Ohne Essen, Trinken und Schlafen kann der Mensch nicht existieren. Schmerz kann so stark werden, dass alle anderen Dinge des Daseins nebensächlich werden. Vieles, was wir im Leben verwirklichen möchten, stößt auf heftigen Widerstand, sei es seitens unserer Mitmenschen, der Gesellschaft oder aufgrund sachlicher Zwänge. Einen wirklich freien Willen hat der Mensch daher nur bei moralischen Entscheidungen. Dies zeigt z. B. ein Hungerstreik, der zum Tod führen kann. Über Gut und Böse entscheidet das Gewissen, das jeder Mensch besitzt. Doch ist das moralische Gewissen bei allen Menschen gleich?

6. Gibt es eine absolute Moral?

Viele Menschen behaupten, Moral sei relativ und abhängig von gesellschaftlichen, sozialen und religiösen Traditionen. Unsere Vorstellungen von Gut und Böse und vom Gewissen seien deshalb relativ, weil sie durch Erziehung oder Indoktrination verändert werden können. Tatsächlich glaubt die überwiegende Mehrheit von Intellektuellen, es gäbe keine absolute Moral.

Es gibt jedoch eine einfache und allgemeine Regel, wie man zwischen Gut und Böse unterscheiden kann, die für jedermann einleuchtend und akzeptabel sein sollte, unabhängig von Erziehung, Bildungsstand und Tradition. Sie lautet: „*Gut ist, was dem Leben dient, böse ist, was dem Leben schadet.*" Wenn Leben sinnlos zerstört wird, sei es das eigene Leben, das Leben anderer Menschen oder das Leben von Tieren oder Pflanzen, so ist das schlecht. Diese Regel gilt auch für das soziale und humanitäre Verhalten der Menschen, denn wenn ich mich bereichere, so geschieht das häufig auf Kosten anderer, deren Leben ich damit schädige.

Allerdings gibt es hier eine Werte-Hierarchie, denn der Mensch muss Pflanzen oder Tiere töten, um sich zu ernähren. Für jeden Menschen besitzt das eigene Leben Priorität, weil er nur moralisch handeln kann, solange er lebt. Mit dem Tod endet alle Moral. Wenn mich jemand töten will, so muss ich mich verteidigen und darf dabei in Kauf nehmen, dass der Angreifer dabei ums Leben kommt, denn für mich ist das eigene Leben wichtiger als das des Angreifers. Es gibt jedoch Ausnahmen, z. B. wenn ich freiwillig meinen Tod in Kauf nehme, um das Leben eines anderen Menschen zu retten. In der Rangfolge danach steht das Leben unserer Nächsten, unserer Verwandten und Freunde und dann das Leben aller übrigen Menschen. Geringere Priorität als das Leben der Menschen hat das der Tiere, und danach steht in der Werte-Hierarchie das Leben der Pflanzen. Das Leben des Menschen steht in der Werte-Hierarchie deshalb an erster Stelle, weil nur der Mensch aufgrund seines freien Willens moralisch handeln kann.

Tiere und Pflanzen können weder moralisch noch unmoralisch sein. Mord ist die unmoralischste Tat, die ein Mensch begehen kann, weil damit der freie Wille einer Person, das höchste Gut der Evolution, zerstört wird. Nicht ohne Grund interessieren sich viele Fernsehzuschauer für Kriminalfilme (z. B. die „Tatort"-Filme), in denen ein Mord begangen wird. Allerdings ist eine böse Tat nur dann böse, wenn sie aus freier Entscheidung getroffen wird, und eine gute Tat ist nur dann gut, wenn sie freiwillig geleistet wird. Moral setzt einen freien Willen voraus.

7. Woher kommt das Böse?

Jeder Mensch strebt danach, sich selbst zu verwirklichen und nicht von anderen gegängelt oder unterdrückt zu werden. Er will nicht, dass Eltern, Verwandte oder Vorgesetzte ihm vorschreiben, was er zu tun hat. Viele Menschen streben nach Macht und Herrschaft über andere, wenn auch in unterschiedlichem Ausmaß. Friedrich Nietzsche (1844–1900) hat die Sucht des Menschen nach Macht und Herrschaft leidenschaftlich formuliert: „*... wollt ihr einen Namen für diese Welt? Eine Lösung für alle ihre Rätsel? Ein Licht für euch, ihr Verborgensten, Stärksten, Unerschrockensten, Mitternächtlichsten? – Diese Welt ist der Wille zur Macht – und nichts außerdem! Und auch ihr selber seid dieser Wille zur Macht – und nichts außerdem!*“ [5]

Die Konflikte dieser Welt entstehen fast immer dadurch, dass ein Einzelner oder eine Gruppe von Menschen, die oftmals in ihren Wünschen und Bestrebungen durch ein Vorbild, durch ihren Meister, Lehrer oder Führer verführt worden ist, ihren Willen durchzusetzen versucht und dass dieser Wille den anderen Menschen nicht gefällt. Durch Rechthaberei, Besserwisserei oder durch religiös oder politisch motivierte Wahrheitsbesessenheit wird versucht, auf Andersdenkende Macht auszuüben, ihnen den eigenen Willen aufzuzwingen. So hat die hohe Scheidungsrate in unserer Gesellschaft oft ihre Ursache in dem Streit, wer in der Ehe und der Familie das Sagen hat und wessen Wille realisiert wird. Der Streit reicht von der Art, wie die Zahnbürste abgelegt wird, bis zu unterschiedlichen Ansichten über „Küche, Kinder und Kirche“. Auch die zahlreichen Zivilstreitigkeiten vor Gericht wurzeln meistens in Rechthaberei, Besserwisserei und Sturheit von Klienten, die ihren eigenen Willen durchzusetzen versuchen. In der Gesellschaftspolitik streiten sich die Parteien darüber, wessen Vorstellungen und Ideen richtig und für die Gemeinschaft gut sind und wer sie verwirklichen soll, um Macht und Einfluss zu gewinnen. Als Folge dieser Auseinandersetzungen entstehen Ärger,

Beleidigungen, Unterstellungen, Lügen, Hass und Prügeleien, die bis zum Mord führen können. Auch die Kriege zwischen Stammesfürsten, zwischen Völkern und Nationen, die das Töten legalisieren, haben letztlich ihre Wurzeln im Machtstreben einzelner Menschen oder ganzer meist verführter Völker, die ihren Willen durchsetzen wollen. Die Unterschiede der Menschen in Intelligenz und Weitsicht sowie in Willensstärke und Durchsetzungsvermögen führen dazu, dass die Mehrheit der geringer Begabten von den „Starken" verführt wird.

Daher beruht die Herrschsucht des Menschen auf seiner persönlichen Freiheit, sich in moralischen Fragen keiner Autorität unterordnen zu müssen. Darum **hat alles Böse seine Wurzel im freien Willen des Menschen**, in seiner Gott-Ähnlichkeit, die danach strebt, über andere zu herrschen und den eigenen Willen durchzusetzen. Tiere haben keinen freien Willen und können daher auch nicht böse handeln. Es steht jedem Menschen frei, in seinem Handeln Gutes zu tun, es zu unterlassen oder Böses zu tun. Die Entscheidung zum Guten wird von dem Gewissen bestimmt, das aber durch Erziehung und/oder Indoktrination unterdrückt oder manipuliert werden kann.

8. Menschen haben meist eine Religion

Im Verlauf der Evolution des Menschen sind mit dem Aufkommen des Ich-Bewusstseins und der Fähigkeit zu logischem Denken auch Fragen nach dem „Woher komme ich?“, „Was kommt nach dem Tod?“ und „Was ist der Sinn meines Lebens?“ entstanden. So hat es bei allen Völkern der Erde seit alters her einen Glauben an ein übernatürliches Wesen oder an einen Gott (oder an Götter) gegeben, der eine größere Macht als der Mensch besitzt und der ihn erschaffen hat. Dieser Glaube war meistens verbunden mit dem Glauben an ein Weiterleben der Seele des Verstorbenen nach seinem Tod. Dies zeigen nicht zuletzt die Totenkulturen und Begräbnisstätten aller alten Völker. So z. B. Stonehenge, ein riesiges Bauwerk aus monolithischen Felsen, das etwa 13 Kilometer nördlich von Salisbury in England liegt (erbaut 2500–2000 v. Chr.). Oder die aus monolithischen Felsen bestehenden Menhire in der Bretagne, die in der Jungsteinzeit errichtet wurden (5000–2000 v. Chr.), und die Pyramiden in Ägypten (2630–2525 v. Chr.).

Die monotheistischen Religionen berufen sich auf Propheten, die vorgaben, ihre Lehren direkt von Gott erhalten zu haben. Zu den Lehren gehören moralische Verhaltensregeln, die sowohl im Alten wie im Neuen Testament und auch im Koran schriftlich fixiert sind und die dem freien Willen des Menschen Grenzen setzen. Auch im Buddhismus gibt es zehn Silas (Gebote), die sittliche Orientierungspunkte darstellen. Religiöse Menschen bemühen sich – wenn auch oft vergeblich –, ihr Leben nach den sittlichen Regeln ihrer Religion zu richten.

Dagegen halten Atheisten allein ihr eigenes sittliches Empfinden für gut und richtig und brauchen keine religiösen Gebote. In ihrer Selbstgerechtigkeit sehen sie sich als „gute Menschen“, die ohne göttliche Anleitung ein sittliches Leben führen können. Zweifel an der Existenz eines allmächtigen und ewigen Gottes hat es schon immer gegeben. Der griechische

Philosoph Kritias (460–403 v. Chr.) betrachtete die Religion als menschliche Erfindung, die der Aufrechterhaltung der moralischen Ordnung dienen sollte. Der gleichen Auffassung war Demokrit (460–371 v. Chr.), einer der Begründer der Atomistik, die die Welt auf rein materialistische Weise erklärt. Danach ist sie aus kleinsten, unzerstörbaren und ewig bestehenden Atomen aufgebaut. Diese Vorstellung wurde 1913 durch das Atommodell von Niels Bohr (1885–1962) bestätigt. Als erster radikaler Atheist der Neuzeit gilt der französische Abbé Jean Meslier (1664–1729). In seinen „*Pensées et sentiments*" stellt Meslier die Existenz von Göttern völlig in Abrede, welche für ihn bloße Hirngespinste sind: „*Alle Religionen sind nichts als Irrtümer, Einbildung und Betrug.*" [6] Ebenso radikal sagt Ludwig Feuerbach (1804–1872): „*Denn nicht Gott schuf den Menschen nach seinem Bilde, wie es in der Bibel steht, sondern der Mensch schuf, wie ich im ‚Wesen des Christentums' zeigte, Gott nach seinem Bilde.*" [7] Noch emotionaler formuliert Friedrich Nietzsche (1844–1900) seine These: „*Gott ist tot! Gott bleibt tot! Und wir haben ihn getötet.*" [8]

Viele moderne Menschen, insbesondere Naturwissenschaftler, glauben, dass der Mensch allein durch die Gesetze der Evolution aus geistloser Materie entstanden ist [9]. Nach ihrer Vorstellung besitzt die beim Urknall entstandene formlose Materie in sich die Potenz, den Menschen hervorzubringen. Danach sind auch der menschliche Geist und seine Seele durch Zufall entstanden und werden mit dem Tod wieder zu Nichts zerfallen. Nach Dawkins schließt rationales Denken einen persönlichen Gott aus. Er erklärt: „*Ich bin ein Gegner der Religion. Sie lehrt uns, damit zufrieden zu sein, dass wir die Welt nicht verstehen.*" Und weiter: „*Religion ist irrational, fortschrittsfeindlich und zerstörerisch.*" [10] Dagegen zeigte zum Beispiel Mao Tse Tungs „Kulturrevolution", dass atheistische Herrscher, die keine über dem Menschen stehende moralische Autorität anerkennen, den Fortschritt verhindern und die Kultur und das Leben eines ganzen Volkes zerstören können. Dawkins kann in unserer aufgeklärten und toleranten westlichen Welt, die aus dem Christentum hervorgegangen ist, erklären: „*Man kann als Atheist glücklich, ausgeglichen, moralisch und geistig ausgefüllt sein.*" Als Opportunist hat er die große naturwissenschaftlich orientierte Leserschaft erkannt, die seine atheistischen Bücher mit Begeisterung lesen. Doch Dawkins und seine Leser verdrängen dabei zwei Aspekte:

1. Jeder Mensch besitzt die Potenz zum Guten wie zum Bösen. Zwar hat jeder ein moralisches Gewissen, das allerdings verformt sein kann, doch steht es jedem frei, gut oder böse zu handeln. Dawkins hat keinen Grund, Böses zu tun, denn die liberale westliche Welt gestattet es ihm, als Atheist ein geachteter, erfolgreicher und gut verdienender Schriftsteller zu sein.
2. Dawkins verdrängt, dass alle Menschen verführbar sind. Unter beruflichem oder politischem Druck werden viele Menschen zu Opportunisten. Im Dritten Reich wurden brave und hilfsbereite Mitmenschen und sogar gläubige Christen zu Denunzianten, Verrätern oder Mördern. Und nach dem 2. Weltkrieg haben dieselben Opportunisten sich in der Bundesrepublik in liebenswürdige Mitbürger zurückverwandelt.

Viele bedeutende Naturwissenschaftler des 20. Jahrhunderts haben am Ende ihrer Forschung an eine höhere Macht oder an Gott geglaubt, wie z. B. Erwin Schrödinger, Wolfgang Pauli, Hans-Peter Dürr. Max Planck hat einmal bekannt: „*Ich bin fromm geworden, weil ich zu Ende gedacht habe und dann nicht mehr weiter denken konnte. Wir hören alle viel zu früh auf zu denken.*" [11] Und von Werner Heisenberg stammt der Satz: „*Der erste Trunk aus dem Becher der Naturwissenschaft macht atheistisch, aber auf dem Grund des Bechers wartet Gott.*" [11]

Wenn es nur einen Gott gibt, warum gibt es dann so viele Religionen? Religionsstifter waren, wie alle Menschen, immer auch unvollkommene „sündige" Wesen (abgesehen von Jesus, der sich Sohn Gottes nannte), und ihr freier Wille gestattete es ihnen, rechthaberisch, herrschsüchtig und machthungrig zu sein. Demut und Bescheidenheit waren nicht immer die Grundlage von Religionsstiftern, denn jeder stellte seine Religion als die einzig wahre hin. Von Menschen proklamierte Religionen sind daher notwendigerweise unvollkommen. Diese Unvollkommenheit betraf sowohl Aussagen von Päpsten, als auch die der Stifter christlicher Konfessionen wie z. B. John Wesley (Anglikanische Kirche), Luther (Protestantismus), Joseph Smith (Mormonen), William Booth (Heilsarmee), Charles Taze Russell (Zeugen Jehovas). Aber auch die Stifter nicht christlicher Religionen wie Buddha (Buddhismus), Konfuzius (Konfuzianismus), Mohammed (Islam), Hadschi Bektasch Veli (Aleviten im Islam), Hazrat Al-Báb (schiitischer Islam, Babismus), Mirza Gulam Ahmad (Ahmadiva im Islam) waren unvollkommene Menschen und die von ihnen gestifteten Religionen unvollkommen.

9. Warum es keinen Gottesbeweis geben kann

Wenn der freie Wille des Menschen das höchste Ziel der Evolution oder der Erschaffung der Welt war, dann kann es keinen Beweis für die Existenz oder Nichtexistenz Gottes geben. Denn gäbe es diesen Beweis, wäre der Mensch nicht frei, sich für oder gegen Gott zu entscheiden.

Alle Menschen haben eine gewisse Ahnung davon, das außerhalb ihrer sinnlichen Wahrnehmung etwas Übersinnliches, eine übernatürliche Macht und ein Jenseits existiert. Je nach Demut und Bescheidenheit ist der Glaube an ein höheres göttliches Wesen unterschiedlich. Junge selbstherrliche und überhebliche Akademiker erkennen selten eine höhere Macht an, denn sie meinen, dass durch Intelligenz und logisches Denken und durch wissenschaftliche Forschung alles Unbekannte erkennbar ist. Sie glauben an die Kausalität in allem, was geschieht. Nur dumme Menschen müssten, mangels Denkvermögen, an übersinnliche Dinge glauben. „*Religion ist Opium für das Volk*" (Karl Marx). Daher kommt die allgemeine Vorstellung, dass Naturwissenschaft und Religion nicht vereinbar seien, dass ein logisch denkender Naturwissenschaftler kein religiöser Mensch sein kann. Dagegen waren viele große und bedeutende Naturwissenschaftler religiös.

In seinem Buch „*Der Gotteswahn*" setzt sich Richard Dawkins mit den fünf „Gottesbeweisen" von Thomas von Aquin auseinander und versucht durch logische Argumente ihre Stichhaltigkeit zu widerlegen. Sowohl die Gottesbeweise von Thomas von Aquin als auch ihre versuchte Widerlegung durch verschiedene Autoren sind hoffnungslose Bemühungen, die niemals zu einem Resultat führen können. Denn dem Menschen wurde der freie Wille gegeben, damit er sich frei für oder gegen Gott, dem er sein Dasein verdankt, entscheidet. Daher kann es keinen „Beweis" für Gott den Schöpfer allen Seins geben, denn dann wären diejenigen, die nicht an ihn glaubten, die Dummen, die nicht logisch und richtig denken können. Gott zwingt offenbar niemanden, an ihn zu glauben, denn in seiner unendlichen Liebe respektiert er uneingeschränkt unseren freien Willen. Für Gott zählt offenbar unser Glauben mehr als unser Wissen. Im Neuen Testament sagte der Jünger Thomas, als man ihm von dem auferstandenen Christus berichtete: „*Wenn ich nicht an seinen Händen die Nägelmale sehe und sie nicht mit meiner Hand berühre, und wenn ich nicht die Wunde an seiner Seite mit der Hand anfasse, glaube ich es nicht.*" [Joh 20,25] Als acht Tage später Jesus wieder erschien, sagte er zu Thomas: „*Lege Deine Finger hierher und sieh meine Hände an, betaste meine Seite mit deiner Hand und wehre dich nicht länger, zu glauben. Da antwortete Thomas: Mein Herr! mein Gott! Und Jesus fügte hinzu: Weil du mich gesehen hast, kannst du glauben! Reich und begnadet ist, wer nicht geschaut hat und doch vertraut.*" [Joh. 20,27-29]

10. Der Mensch braucht Führung und Geborgenheit

Geistige Fähigkeiten und logisches Denken sind den Menschen in unterschiedlichem Maß gegeben. Sowohl die ererbte genetische Veranlagung als auch das geistig-soziale Umfeld spielen bei der kindlichen Entwicklung eine Rolle. Nur wenige besitzen die Intelligenz und den Weitblick, die Konsequenzen eigener Taten abzusehen und immer klug und vernünftig zu handeln. Auch haben nicht alle Menschen das Bedürfnis zu herrschen und Macht auszuüben. Das Gewissen gibt zwar jedem Menschen ein Gespür für Gerechtigkeit und Moral, unabhängig von Intelligenz und logischem Denkvermögen, doch ist es mühsam, bei jedem Tun sein Gewissen zu überprüfen. Es ist viel leichter, das eigene moralische Verhalten demjenigen der anderen anzupassen.

Die meisten Menschen suchen nach einem Vorbild, einer Leitfigur, die ihm/ihr sagt, was richtig, gut und schön ist und der er/sie vertrauen können. In den Medien und Parteien werden Meinungen und Entscheidungshilfen gegeben und in Gruppen, Vereinen und Religionen wird Geborgenheit angeboten. Durch Übernahme der Wertvorstellungen eines Vorbilds kann der Mensch seine persönliche Verantwortung für sein Tun, das durch sein Gewissen bestimmt sein sollte, an das Vorbild abgeben. So unterdrückt und verformt er das eigene Gewissen und kann zum Sympathisanten, Gefolgsmann und schließlich zum Befehlsempfänger fremder Ideologie werden. Nicht zufällig haben alle angeklagten NS-Verbrecher erklärt, sie hätten bei ihren grausamen Taten nur Befehle ausgeführt und seien damit nicht für ihr Tun verantwortlich („*Führer befiehl, wir folgen dir*", hieß es im Dritten Reich). Es gibt immer genug Verführer, die den Mitmenschen eine neue, bessere und schönere Welt vorgaukeln, um über sie zu herrschen. Sie finden genügend Anhänger, wenn sie ihnen Macht, Reichtum und Glück versprechen.

11. Warum konnte sich der Islam nach Christus ausbreiten?

Die Lehre von Jesus Christus im Neuen Testament spricht von Gerechtigkeit und Frieden, nicht von Kampf oder Krieg, und sie lehrt die vollkommene Liebe, die neben der Liebe zu Gott und den Mitmenschen auch die Liebe zu unseren Feinden einschließt. Im Neuen Testament heißt es: „*Ein neues Gebot gebe ich euch: Liebt einander! Wie ich euch geliebt habe, so sollt auch ihr einander lieben.*" [Joh. 13,34] Und: „*Ihr habt gehört, dass gesagt worden ist: ‚Du sollst deinen Nächsten lieben und deinen Feind hassen.' Ich aber sage euch: Liebt eure Feinde und betet für die, die euch verfolgen, damit ihr Söhne eures Vaters im Himmel werdet.*" Darüber hinaus beschreibt er die Toleranz Gottes: „*Denn er lässt seine Sonne aufgehen über Bösen und Guten, und er lässt regnen über Gerechte und Ungerechte.*" [Mat. 5,43-45]

Allerdings haben Christen ihren Glauben leider zu oft und im Widerspruch zum Evangelium mit dem Schwert verbreitet. Dazu gehören nicht nur die Kreuzzüge, sondern auch die Eroberungen bzw. die Kolonisation der nicht christlichen Länder durch die Europäer. Auch die „*Kirche Christi auf Erden*", zu der der Vatikan und alle Christen gehören, wird von fehlbaren Menschen geleitet, die oft ihre eigenen Vorstellungen anderen Menschen aufzwingen wollen. Dies geschah in der katholischen Kirche sowohl bei der Inquisition als auch bei der Dogmenlehre. Dass auch im Vatikan nicht nur Liebe, sondern Ehrgeiz und Machtstreben herrschen, ist der Öffentlichkeit nur andeutungsweise bekannt. Der französische Schriftsteller Jean Cocteau (1889–1963) hat dies auf boshaft ironische Weise formuliert: „*Christi Niederlage war nicht die Kreuzigung, sondern der Vatikan.*" [2]

600 Jahre nach Christus hat sich eine neue Religion, der Islam, ausgebreitet, der sich wie das Judentum und Christentum auf die Propheten des Alten Testaments, nicht aber auf Christus beruft. Wie war dies möglich? Obwohl der Islam einen Rückschritt für die stets erhoffte friedliche Entwicklung der Menschheit bedeutete, sind es vor allem vier Aspekte, die zu seiner schnellen Ausbreitung führten:

1. Das Christentum war geschwächt aufgrund von Streitigkeiten zwischen verschiedenen Richtungen. Ein Hauptstreitpunkt war die Frage, ob Christus Gott, Mensch oder beides gewesen sei. Mohammed, der Begründer des Islam, behauptete dagegen, es gäbe nur einen Gott, nämlich Allah. Die Christen betrieben Vielgötterei, denn sie würden an drei Götter, den Vater, Sohn und den Heiligen Geist glauben.
2. Ein weiterer Grund für die schnelle Ausbreitung des Islam, auch in Gebieten, die bereits christlich waren, so z. B. im koptisch-christlichen Ägypten, war die Kampfbereitschaft der Muslime. Die Lehre Mohammeds, angeblich vom Engel Gabriel Mohammed in arabischer Sprache wörtlich diktiert, wurde zur einzig wahren Religion erklärt und als Krönung von Judentum und Christentum verstanden. Der Koran verpflichtet jeden männlichen Moslem, für die Ausbreitung des Islams zu kämpfen. Dieser Kampf soll auch mit dem Schwert geführt werden, wenn die „Ungläubigen" Gegenwehr leisten. So heißt es im Koran, Sure 2, 192: „*Tötet sie, wo ihr sie trefft. Verjagt sie, von wo sie euch vertrieben; vertreiben ist schlimmer als töten. Bekämpft sie, aber nicht in der Nähe heiliger Stätte; greifen sie euch aber dort an; erlegt sie auch da, dies sei das verdiente Schicksal der Ungläubigen.*" (Ungläubige = Juden und Christen). In Sure 8, 13: „*Ebenso als dein Herr den Engeln offenbarte: ‚Ich bin mit euch, stärkt daher die Gläubigen, aber in die Herzen der Ungläubigen will ich Furcht bringen; darum haut ihnen die Köpfe ab und haut ihnen alle Enden ihrer Finger ab.*'" In Sure 9, 5: „*Sind aber die heiligen Monate, in welchen jeder Kampf verboten ist, verflossen, dann tötet die Götzendiener, wo ihr sie auch finden mögt; …*" Und in Sure 9, 39: „*Wenn ihr nicht zum Kampf auszieht, wird euch Allah mit schwerer Strafe belegen und ein anderes Volk an eure Stelle setzen.*" Es scheint, dass Mohammed seine möglicherweise göttliche Inspiration, die er in Mekka erhalten hatte, später in Medina mit seinem persönlichen Streben nach Macht und Herrschaft verbunden hat und sie dann im Koran verkünden ließ. Er selbst führte Kriege gegen die Bewohner von Mekka und tötete viele Menschen. Die Aufforderung, für eine an-

geblich gerechte Sache zu kämpfen und zu töten, macht den Islam für viele Menschen, insbesondere für junge Männer, attraktiv. Denn es liegt in der Natur der meisten Männer, zu kämpfen und nicht immer verzeihen zu müssen, wie Christus es im Vaterunser-Gebet lehrt: „*Vergib uns unsere Schuld, wie auch wir vergeben unseren Schuldigern.*" [Mat. 6,12] Daher ist der Islam auch für junge deutsche Männer, die in einem christlichen Umfeld aufgewachsen sind, attraktiv. Nach Konversion zum Islam und unter Berufung auf den Koran werden alle persönlichen Skrupel verdrängt. So führt die religiöse Motivation viele junge Männer dazu, im Namen Allahs für den „Islamischen Staat", der für sie auf der einzig wahren Religion basiert, entweder mit dem Maschinengewehr zu kämpfen oder als Selbstmordattentäter viele Menschen zu töten bzw. zu ermorden.

3. Für Intellektuelle war und ist die Lehre des Christentums von der Dreifaltigkeit Gottes nur schwer vorstellbar. Bedeutende Naturwissenschaftler haben angesichts der unvorstellbaren Größe des Kosmos und der Komplexität und Schönheit der Natur einen allmächtigen Schöpfer als Urgrund des Weltalls anerkannt. Im Pantheismus ist Gott eins mit dem Kosmos und der Natur. Doch die Gleichstellung des einfachen Tischlers Jesus aus Nazareth, der vor 2000 Jahren als Wanderprediger durch Galiläa zog, mit dem unendlichen Gott, dem Schöpfer des Weltalls, der Erde und des denkenden Menschen, ist für einen Naturwissenschaftler schwer nachvollziehbar. Mohammed hat den einzigen und unfassbaren Gott Allah wieder in den Himmel verbannt und den Menschen verboten, sich ein Bild von ihm zu machen.
4. Schließlich trug das menschliche, vom Gewissen geprägte Bedürfnis nach richtigem und „gottgefälligem" Verhalten zur Ausbreitung des Islams bei. Wie im Talmud (Mischna und Gemara) und dem jüdischen Gesetz, der Halacha, wird auch im Koran detailliert festgelegt, wie sich der Mensch im praktischen Leben zu verhalten hat. Beide Religionen haben genaue Vorschriften über den Verzehr von Nahrungsmitteln. Wenn der Moslem fünfmal am Tag betet, freitags die Moschee

besucht, Almosen gibt und das Fasten im Monat Ramadan einhält, bekommt er das Gefühl und die Überzeugung, vor Gott und den Menschen ein guter, frommer und gerechter Mensch zu sein und den liberalen „Ungläubigen“ und der westlichen Welt überlegen zu sein. Die überwiegende Mehrheit der Muslime ist friedlich und lehnt jede Gewalt ab.

Im Februar 2008 sah ich in der Naama Bay, dem Touristenzentrum von Sharm el Sheikh auf der Halbinsel Sinai, an einem Freitagmittag Scharen von jungen arabischen Männern zwischen 20–40 Jahren, die vom Freitagsgebet in der Moschee zu ihren Arbeitsstätten in den zahlreichen Hotels für westliche Touristen strömten. Diese Strenggläubigkeit ist bei Christen selten.

Die falsche Darstellung der Liebe Gottes zu allen Menschen, wie sie im Koran beschrieben ist (*Tötet die Ungläubigen*), im Unterschied zur vollkommenen Liebe des Schöpfers zu seinen Geschöpfen im Neuen Testament (*Liebt eure Feinde*), haben viele kluge und denkende Moslems erkannt und daraus die Konsequenz gezogen, indem sie zum Christentum konvertierten. Mark A. Gabriel war als eifriger Moslem (mit anderem Namen) in Kairo aufgewachsen, studierte an der Al-Azhar-Universität und wurde nach seiner Magisterarbeit Dozent an der Al-Azhar-Universität in Kairo. Seine kritischen Fragen zum Verhalten Mohammeds, der viele Menschen getötet hatte, führten Gabriel schließlich zur Konversion zum Christentum. Als er seine Abkehr vom Islam seinem Vater mitteilte, holte dieser seine Pistole heraus und schoss fünfmal auf seinen Sohn, allerdings ohne ihn zu treffen. In seinem Buch „*Jesus und Mohammed. Erstaunliche Unterschiede und überraschende Ähnlichkeiten*“ [12] vergleicht Gabriel sachkundig die beiden Propheten. Auch der Sohn eines der sieben Hamas-Gründer und anfänglich überzeugter Moslem, Mosab Hassan Yousef (geboren 1978), fand das Töten im Nahen Osten unmenschlich, konvertierte später zum Christentum und beschrieb seinen Lebensweg in seinem Buch „*Sohn der Hamas. Mein Leben als Terrorist*“. [13] Konversionen vom Islam zum Christentum werden selten öffentlich, weil damit die Androhung der Ermordung verbunden ist.

12. Gibt es ein Leben nach dem Tod?

Alle Religionen setzen ganz selbstverständlich voraus, dass der Mensch eine vom Körper unabhängige Seele besitzt, die nach dem Tod weiterleben wird. Daher haben alle Kulturen seit frühester Zeit einen umfassenden Totenkult praktiziert, angefangen von den ägyptischen Pyramiden über das Taj Mahal in Indien, das der islamische Shah Jahan zum Gedenken an seine im Jahre 1631 verstorbene große Liebe erbauen ließ, bis zu den Mausoleen moderner Herrscher. Es wird angenommen, dass es ein Weiterleben im Jenseits gibt, das weder Materie, Raum noch Zeit kennt und in dem Gott als Inbegriff des Heiligen als absolute und allmächtige Person regiert. Das Jenseits ist danach das Unendliche an sich, während unsere räumlich und zeitlich begrenzte materielle Welt nur einen winzigen, wenn auch bedeutenden Ausschnitt des Unendlichen darstellt.

Im 20. Jahrhundert versuchten Naturwissenschaftler mit systematischer Analyse von Nahtod-Erlebnissen die körperlose Seele zu beweisen. Sowohl in Europa [14] als auch in den USA [15] wurden umfangreiche Aufzeichnungen von Todesnähe-Erlebnissen an Tausenden von Patienten vorgenommen und veröffentlicht. Dies war möglich, weil es durch die modernen Methoden der Wiederbelebung viele „Unfalltote" gab, die nach dem Wiedererwachen nach ihren Erlebnissen befragt werden konnten. Die nach wissenschaftlichen Kriterien durchgeführten Untersuchungen brachten einen deutlichen Hinweis auf eine geistige Substanz, die von Masse, Raum und Zeit unabhängig ist.

Es wurden zahlreiche Fälle beschrieben, in denen die Seele des Scheintoten den Körper verlassen hatte („out of body" oder Ausleibigkeits-Erlebnis). Die Patienten beschreiben, wie sie bei vollem Bewusstsein das Bemühen der Ärzte um ihren leblosen Körper aus gewisser Distanz (z. B. von der Decke des Zimmers her) beobachteten. Nach dem Erwachen der Scheintoten, bei denen zuvor weder Atmung noch Herzschlag zu vernehmen noch EEG-Signale messbar waren, konnten die Wiedererweckten den Ort und das Tun der um ihren scheintoten Körper Herumstehenden in allen Einzelheiten beschreiben. Dabei wurden Dinge beschrieben, die der scheintote Körper gar nicht gesehen haben konnte. Trotz unterschiedlicher individueller Berichte hat Moody ein Standarderlebnis formuliert, das bei fast allen Todesnähe-Erfahrungen aufgetreten war und bis zu neun Merkmale aufweisen konnte [16]: Nach dem Gefühl, tot zu sein, folgt, so Moodys Bericht, Friede und Schmerzlosigkeit. Die Seele spürt, dass sie den Körper verlassen hat (Ausleibigkeits-Erlebnis). Sie durchschreitet einen Tunnel oder ein Portal und sieht sich von Lichtgestalten umgeben oder trifft verstorbene Freunde oder Verwandte und gelangt zu einem höheren Lichtwesen. Viele erleben dann einen Lebensrückblick, in dem sie ihre guten und bösen Taten als Panorama erkennen. Nach einem Gefühl, im Himmel zu sein, werden sie genötigt, gegen ihren Willen zur Erde zurückzukehren. Moody kommt aufgrund seiner Untersuchungen zu dem Ergebnis: „*Aufgrund einer kritischen Analyse der bisherigen Forschungsergebnisse bin ich überzeugt, dass Rückkehrer aus Todesnähe tatsächlich einen Blick nach ‚drüben' getan haben und für kurze Zeit mit einer ganz anderen Wirklichkeit in Berührung gekommen sind.*" Doch bekennt er: „*Nachdem ich mich jetzt zweiundzwanzig Jahre mit Todesnähe-Erlebnissen beschäftigt habe, meine ich, dass es nicht genügend schlüssige wissenschaftliche Beweise für ein Leben nach dem Tod gibt. Aber das gilt nur für die wissenschaftliche Argumentation.*" [16]

Inzwischen hat der international renommierte Gehirnchirurg Eben Alexander aus Charlottesville, Virginia, in seinem Buch „*Blick in die Ewigkeit. Die faszinierende Nahtoderfahrung eines Neurochirurgen*" [17] sein Nahtod-Erlebnis kritisch und wissenschaftlich beschrieben. In einem Kommentar zu diesem Buch schreibt Dr. Raymond A. Moody: „*Eben Alexander ist der lebende Beweis dafür, dass es tatsächlich ein Leben nach dem Tod gibt.*"

Hubert Knoblauch, Professor für Religionswissenschaft an der Universität Zürich, der den Ergebnissen von Moody kritisch gegenübersteht, hat neuere wissenschaftliche Untersuchungen zu diesem Thema durchgeführt. Mit Unterstützung von Meinungsforschungsinstituten hat er in den 90er-Jahren systematische Befragungen an 2044 Personen, die einen Querschnitt der Bevölkerung aus Ost- und Westdeutschland darstellten, durchgeführt [18]. Dabei zeigte sich, dass 4,3 % der Befragten zugaben, eine Nahtod-Erfahrung gemacht zu haben. Statistisch bedeutet das, dass 3,3 Millionen oder jeder 23. Deutsche ein Nahtod-Erlebnis gehabt haben. Dabei war die Häufigkeit bei Ost- und Westdeutschen nahezu identisch, und es gab keinen Unterschied zwischen Frauen und Männern. Auch viele Einzelheiten der Erlebnisse waren im Prinzip gleich, doch zeigten sich deutliche Unterschiede in Bezug auf den kulturellen Hintergrund zwischen Menschen aus Ost- und Westdeutschland. Am interessantesten war jedoch das Ergebnis, dass es keinen Unterschied im Todesnähe-Erlebnis zwischen gläubigen Menschen und Atheisten gab. Die Unabhängigkeit des Nahtod-Erlebnisses vom religiösen Hintergrund zeigte sich auch bei vergleichenden Studien von Nahtod-Erfahrungen an Menschen aus verschiedenen Erdteilen. Jedoch beziehen sich die erlebten Details immer auf den persönlichen kulturellen Hintergrund. Knoblauch kommt in seinen Untersuchungen zu dem Schluss, dass viele der Betroffenen sich sicher seien, „*dass sie das Jenseits erschaut haben oder sogar schon dort waren. Weil die Nahtoderfahrung für viele mit einer großen Gewissheit von einer solchen Transzendenz zeugt, kann man sie durchaus als religiös in einem weiteren Sinne bezeichnen. Noch angemessener aber wäre es, sie als Ausdruck einer sehr zeitgemäßen Form der Spiritualität anzusehen.*“ [18] Diese Spiritualität hat jedoch wenig gemein mit den Lehren der Kirchen.

Im normalen Leben können wir ohne unseren Körper weder denken noch eine Ich-Erfahrung machen. Die Untersuchungen über Nahtoderlebnisse haben daher für den Naturwissenschaftler keine zwingende Beweiskraft, denn sie sind nicht reproduzierbar. Man kann Nahtod-Erfahrungen nicht experimentell erzeugen oder an ein und derselben Person wiederholen. So bleibt es schließlich eine Frage des Glaubens, ob die vom Körper unabhängige Seele für real gehalten wird und nach dem Tod weiterlebt oder nicht.

13. Vorstellungen vom Himmel

Der wolkenlose Himmel über uns ist blau, weil das kurzwellige blaue Licht der Sonne von den Luftmolekülen stärker gestreut wird als das langwellige Licht. Hinter dem blauen Himmel befindet sich das schwarze leere All mit extrem vereinzelten Asteroiden, Planeten, Sonnen, Sternhaufen oder Galaxien. Man vermutet, dass das Universum einen Durchmesser von mindestens 78 Milliarden Lichtjahren hat und wahrscheinlich ein Ellipsoid ist. Damit sind die fernsten Galaxien mehr Lichtjahre voneinander entfernt als seit dem Urknall an Zeit vergangen ist, weil sich die Expansion des Universums beschleunigt.

Der menschliche Geist kann nun fragen: Was ist außerhalb des ellipsoiden Universums? Was war vor dem Urknall? Wer oder was hat den Urknall ausgelöst? War es Energie? Ist Energie = Gott? Man kann mit astrophysikalischen Gleichungen viele Aussagen machen, doch verstehen und beweisen kann man die Welt außerhalb unseres Weltalls und vor dem Urknall nicht. Ebenso wenig können wir Vorstellungen über ein Jenseits, einen „Himmel“, verstehen oder beweisen.

Die folgende Sicht über das Jenseits ist weder neu noch vom Autor erdacht [19]. Es handelt sich um eine menschliche Vorstellung, die allerdings logisch und sinnvoll erscheint und auf schriftlichen Quellen, zumeist des Alten und Neuen Testaments, sowie auf persönlichen Erfahrungen beruht. Naturwissenschaftler werden diese Sicht in der Regel ablehnen, weil sie nicht beweisbar ist und weil sie nur geglaubt werden kann. Doch für viele Menschen bedeutet das logisch begründete, geglaubte „Wissen“ ebenso viel wie ihr naturwissenschaftliches Wissen.

Vor dem Urknall erschuf Gott im Himmel geistige Wesen, die sogenannten Engel, die zwar von ihm geschaffen waren, aber als freie, selbständige und intelligente Wesen seine Gesprächspartner wurden, mit denen er permanent kommunizierte. Er erschuf Milliarden von Engeln als ihm ähnliche, persönliche Wesen mit einem freien Willen. Sie waren keine Marionetten, die auf Befehl Halleluja sangen, sondern sie erkannten die unendliche Größe und unbeschreibliche Herrlichkeit Gottes aufgrund ihres Geistes, ihrer Erkenntnisfähigkeit und ihres logischen Denkvermögens. Gott respektierte ihren freien Willen und betrachtete sie als seine Partner. Die Engel unterschieden sich voneinander im Grad ihrer Erkenntnisfähigkeit. Sie akzeptierten, dass sie gegenüber ihrem vollkommenen Schöpfer unvollkommen waren und erfreuten sich ihrer Verbundenheit mit Gott, denn er war mit allen Geschöpfen in inniger Liebe verbunden und diese himmlische Harmonie war das Paradies. Den höchsten Grad an Erkenntnis (= Nähe zu Gott bzw. Erkenntnis über Gott) besaßen die Erzengel Lucifer, Michael, Gabriel und Raffael. Lucifer, der Lichtträger, war der Erste unter den Engeln mit der größten Erkenntnisgabe. Die Ähnlichkeit der Engel mit Gott äußerte sich vor allem in ihrer persönlichen Freiheit, denn sie war so absolut, dass sie es ihnen ermöglichte, ihre tatsächliche Abhängigkeit von Gott, die sich aus ihrem Geschaffensein zwangsläufig ergab, zu verdrängen. So konnten sie sich selbst als unabhängige Götter über andere Engel mit niederer Erkenntnisstufe erheben.

14. Die Erbsünde

Warum werden die Menschen als unvollkommene Wesen geboren, belastet mit verschiedenen körperlichen oder seelischen Leiden? Warum überkommen uns im Laufe unseres Lebens immer wieder Krankheiten? Warum kann Liebe zwischen den Menschen plötzlich in Hass umschlagen? Warum können ganze Völker zu brutalen und sinnlosen Kriegen verführt werden? Wenn wir „*Kinder Gottes*“ [Hebr. 12,9] sind, warum sind wir dann so oft unzufrieden, geplagt von Zweifeln über uns selbst und den Sinn unseres Lebens? Wenn Gott vollkommen ist, warum hat er dann diese Welt mit derart unvollkommenen Menschen geschaffen? Liegt die Unvollkommenheit nicht schon bei Gott selbst und seiner Schöpfung?

Hier wird versucht, eine logische und plausible Erklärung für die Ursache des Bösen zu geben. Die Beschreibung der Erbsünde unterscheidet sich von der Lehrmeinung der katholischen Kirche, die im Konzil von Trient (1546) festgelegt wurde. Danach fand der Sündenfall Adams und Evas auf der Erde statt [Gen 3]. Er wird durch Paulus präzisiert: „*Durch einen einzigen Menschen kam die Sünde in die Welt und durch die Sünde der Tod, und auf diese Weise gelangte der Tod zu allen Menschen, weil alle sündigten*“ [Röm 5,12]. Doch warum müssen wir für die Sünde eines unbekannten Urvaters büßen, da wir doch ohne Schuld geboren wurden und uns im Laufe unseres Lebens bemühen, gute Menschen zu sein? Die meisten Menschen sind hilfsbereit, barmherzig und gut und haben darum kein Verständnis für die Erbsünde und für die Erschaffung einer unvollkommenen Welt durch einen angeblich vollkommenen Schöpfer-Gott.

Nach dem frühen Kirchenlehrer Origenes Adamatius von Alexandrien (184–254?) [20] fand der Sündenfall von Adam und Eva nicht auf der Erde, sondern im Himmel vor Erschaffung der Welt und vor dem Urknall statt. Origines’ Schriften kamen aber nicht in den kanonischen Text der katholischen Kirche, weil sie umstritten waren und auf dem 5. Ökumenischen Konzil im Jahr 553 verurteilt wurden. Nach Origines ist die Erbsünde keine ererbte Schuld, sondern die persönliche Schuld eines jeden Menschen, die seine unsterbliche Seele als Engel im Himmel vor seiner Geburt auf sich geladen hat. Schon Sokrates war vor 2400 Jahren davon überzeugt, dass seine Seele vor seiner Geburt im Himmel existierte, wie von Platon im „Phaidon“ berichtet wird. Die Verwandtschaft der Menschen mit Gott wird im Neuen Testament von Christus geschildert: „*Im Haus meines Vaters gibt es viele Wohnungen*“ [Joh. 14,2] und „*Ihr sollt in meinem Reich mit mir an meinem Tisch essen und trinken, und ihr sollt auf Thronen sitzen und die zwölf Stämme Israels richten*“ [Lk. 22,13]. Die „Gottähnlichkeit“ unserer unsterblichen Seele ermöglicht es uns, als freie Personen mit Gott zu kommunizieren, und viele Menschen tun dies auch heute in ihren Gebeten.

Das Geschehen im Himmel vor Erschaffung der Welt wird durch das Neue Testament teilweise belegt. Eine große Zahl von Engeln im Himmel (viele Milliarden) wurde von Lucifer dazu verführt, Gott nicht als oberstes Prinzip anzuerkennen, sondern selbständig zu sein, nach eigenen Vorstellungen zu existieren und ihm, dem klügsten und herrlichsten aller Engel, als Anführer zu folgen, denn er erklärte: „*Ich will nicht dienen; ich will sein wie Gott.*“ Ihr freier Wille ermöglichte es den Engeln, nicht mehr Gott in Dankbarkeit und demütiger Bescheidenheit zu dienen, sondern selbst Herrscher zu sein. Lucifer konnte sie dazu verführen, weil er der klügere war und die Erkenntnisfähigkeit aller Engel ihm unterlegen war. Die Engel waren Mitläufer und sich der vollen Tragweite ihrer Entscheidung nicht bewusst. Lucifers Abfall von Gott führte im Himmel zu einer Auseinandersetzung. Sie wird von Johannes in der Offenbarung als Kampf zwischen Michael und dem Satan Lucifer beschrieben [Offb. 12,7-9]: „*Da entbrannte im Himmel ein Kampf; Michael und seine Engel erhoben sich, um mit dem Drachen zu kämpfen. Der Drache und seine Engel kämpften, aber sie konnten sich nicht halten, und sie verloren ihren Platz im Himmel. Er wurde gestürzt, der große Drache, die alte Schlange, die Teufel oder Satan heißt und die ganze Welt verführt; der Drache wurde auf die Erde gestürzt, und mit ihm wurden seine Engel hinabgeworfen.*" Dieser Engelssturz wurde von Christus selber bezeugt: „*Ich sah den Satan wie einen Blitz vom Himmel fallen.*" [Luk 10,18] Hinabgeworfen wurden und werden diese Engel mit Lucifer auf die nun geschaffene Erde. Die Seelen aller Menschen auf der Erde sind daher von Gott „abgefallene Engel". Nur Jesus und Maria waren nach Lehre der katholischen Kirche ohne Schuld und Sünde.

Lucifer und die Seinen haben sich aus freiem Willen von Gott entfernt. Sie zerschnitten das Band der Liebe und machten sich von Gott unabhängig. Dadurch kamen sie in **die Hölle, das ist die Ferne von Gott**, wo statt Gottesliebe Eigenliebe und dadurch immerwährende Lieblosigkeit zwischen den Wesen herrscht, weil jeder Herrscher über die anderen sein möchte. **Das Böse** und die Hölle sind daher nicht von Gott geschaffen, sondern sind „**die Abwesenheit göttlicher Liebe**", als notwendige Konsequenz der freien Entscheidung der Engel, Gott-unabhängig zu sein. Für Gott hat offenbar die Freiheit seiner Geschöpfe einen höheren Wert als das Böse, das sie anrichten.

Im Gegensatz zu uns, die wir nicht immer alles und jedermann lieben können, liebt Gott uns offenbar auch dann, wenn wir ihn hassen, denn er hat uns als freie Gesprächspartner geschaffen mit Geist und einem Verstand, der seine Liebe erkennen kann – wenn er will. Der deutsche Schriftsteller Wolfgang Borchert (1921–1947) hat offenbar diese Gottesliebe nicht erkannt, wenn er sagt: „*Wann bist du eigentlich lieb, lieber Gott.*" [2] Gott ließ auch den Massenmörder Adolf Hitler sagen: „*Die 10 Gebote haben ihre Gültigkeit verloren. Das Gewissen ist eine jüdische Erfindung. Ich befreie die Menschen von der schmutzigen und erniedrigenden Selbstpeinigung des Gewissens. An die Stelle des Lehrsatzes von dem stellvertretenden Leiden und Sterben eines göttlichen Erlösers tritt das stellvertretende Handeln des neuen Führers, das die Masse der Gläubigen von der Last der freien Entscheidung entbindet.*" [21]

Statt ihren Schöpfer-Gott dankbar zu loben und zu preisen, sagen heute viele junge Menschen: „*Jetzt kommen wir, und Gott kann uns mal den Buckel runterrutschen.*" Statt ihren Erschaffer zu lieben, lieben sie nur noch sich selbst, denn sie sind ja auch wunderbar und schön. Doch Eigenliebe führt zu unstillbarer Sehnsucht nach Vollkommenheit, weil jeder weiß, dass er nicht vollkommen ist und sich nach dem immerwährenden und vollkommenen Glück sehnt. Vollkommenes Glück kann offenbar nur in der Liebe und Harmonie zwischen Schöpfer und seinen Geschöpfen bestehen. Ohne Liebe zu Gott und seiner Schöpfung sind die Engel und damit auch die Menschen egoistisch, neidisch und hasserfüllt, denn jeder möchte der Gott des anderen sein, über ihn herrschen, von ihm bewundert und verehrt werden. Zwar ist die Herrschsucht der Menschen unterschiedlich ausgeprägt, doch möchte ein jeder zumindest respektiert, akzeptiert und gelegentlich gelobt werden.

Aber Gott liebt alles, was er geschaffen hat, auch Lucifer und seine abgefallenen Engel. So erschuf er das Universum mit der Erde als geistigem Mittelpunkt, um seinen abgefallenen Engeln, die als die Seele der Menschen auf die Erde geschickt werden, eine neue Chance zu geben. Auf der Erde wird der Kampf zwischen Lucifer und Michael zwischen den Menschen und auch in jedem Menschen selbst fortgesetzt. Diese tragische Thematik des Menschen ist im „Faust" von Goethe poetisch beschrieben: *„Zwei Seelen wohnen, ach! in meiner Brust, Die eine will sich von der andern trennen; Die eine hält, in derber Liebeslust, Sich an die Welt mit klammernden Organen; Die andere hebt gewaltsam sich vom Dust (= Staub) Zu den Gefilden hoher Ahnen."* [Faust I, Vers 1112–1117]

Jeder Mensch erhält bei der Geburt (oder schon vor der Geburt?) eine Seele, die zuvor als „abgefallener Engel" zwischen Himmel und Hölle auf ihre Menschwerdung gewartet hat. Es ist diese „engelische Seele", die den Menschen zum Menschen macht, ihm das Ich-Bewusstsein, die Fähigkeit zu logischem Denken und den freien Willen gibt – im Unterschied zu den lebenden Pflanzen und Tieren. So wie unsere Erkenntnisfähigkeit ist auch der Grad der Abwendung von Gott, die vor unserer Geburt unsere unsterbliche Seele im Himmel aus freiem Willen tat, in jedem Menschen verschieden. Wir haben keine Erinnerungen an das, was unsere Seele vor unserer Geburt getan hat, offenbar, damit wir unvorbelastet und in voller Freiheit unser Leben, das den Kampf zwischen Gut und Böse impliziert, gestalten. Auf der Erde wird der Mensch von guten und bösen Geistern über Eingebungen, Intuitionen oder Erleuchtungen beeinflusst. So sagt Paulus im Neuen Testament: „*Denn wir haben nicht gegen Menschen aus Fleisch und Blut zu kämpfen, sondern gegen die Fürsten und Gewalten, gegen die Beherrscher dieser finsteren Welt, gegen die bösen Geister des himmlischen Bereichs.*" [Eph. 6,12] Die negativen geistigen Mächte können den Menschen spontan befallen, ohne sein Zutun und gegen seinen Willen. Sie sind möglicherweise die Ursache zahlloser Psychosen, die durch naturwissenschaftliche Analysen nicht erklärbar sind. So z. B. der bewusste Absturz des Airbus A320-211 mit 150 Menschen an Bord durch seinen Copiloten in den französischen Alpen am 24. März 2015. Diese finsteren Kräfte wirken auch über bestimmte Mitmenschen auf uns ein. So kann unser freier Wille zu negativem Denken, Reden und Tun von selbst ernannten „Anführern" verführt werden. Böses versteckt sich oft hinter guten Argumenten.

Das letzte Jahrhundert war erfüllt von schrecklichen von Menschen verursachten Katastrophen, beginnend mit dem Genozid der moslemischen Türken an den christlichen Armeniern, bei dem etwa eine Million Menschen umkamen. Dieser Genozid wurde von den Deutschen auf furchtbare Weise übertroffen beim Holocaust mit etwa 6 Millionen ermordeten Juden. Der Erste Weltkrieg forderte etwa 9,5 Millionen gefallene Soldaten und sieben Millionen zivile Opfer. Im Zweiten Weltkrieg gab es 65 Millionen Kriegsopfer, wobei mehr als die Hälfte Zivilisten waren.

Nach dem Ersten Weltkrieg wurde der Völkerbund gegründet mit dem Ziel, den Frieden auf der Welt dauerhaft zu sichern. Mangels genügend Teilnehmerstaaten konnte er den Zweiten Weltkrieg nicht verhindern. Nach dessen Ende wurde am 26. Juni 1945 auf der Konferenz von San Francisco die Charta der Vereinten Nationen von 50 Staaten unterzeichnet mit der Absicht, Konflikte weltweit durch friedliche Interventionen zu verhindern. Bereits 1990 waren 154 Staaten (von etwa insgesamt 200 weltweit) der UN beigetreten, und die Welt erhoffte sich für das 21. Jahrhundert eine friedlichere Zukunft.

Doch das neue Jahrhundert begann mit einem mörderischen Paukenschlag. Zwei islamistische Selbstmordaktivisten steuerten am 11. September 2001 zwei vollbesetzte Passagierflugzeuge auf die beiden Türme des World Trade Centers in New York und brachten diese zum Einsturz. Dabei kamen etwa 2800 Menschen ums Leben. Bereits zwei Monate danach (9. November 2001) verabschiedeten die Vereinten Nationen, u. a. nach dem Vorschlag des Tübinger Theologen Hans Küng ein „Weltethos" zu begründen eine „Globale Agenda für den Dialog der Kulturen".

Doch das Böse in der Welt scheint sich unvermindert weiter auszubreiten. So führten die USA, teils mit Unterstützung der UN, Kriege in Afghanistan und im Irak, was zur Ausbreitung von islamistischen Terrororganisationen führte, wie z. B. Al-Kaida in Afghanistan, Boko Haram (das bedeuted „westliche Bildung ist Sünde") in Nigeria, die Al-Shabaab-Miliz in Somalia und Ansar-al-Sharia in Libyen und Tunesien. Die grausame sunnitische Terrororganisation „Islamischer Staat" (IS) wurde durch die Eroberung eines amerikanischen Waffenlagers in Mossul und Erdölförderstätten reich und beherrscht nun grosse Gebiete in Syrien und im Irak.

Diese islamistischen Terrororganisationen verüben gnadenlos schreckliche Greueltaten, wie das Foltern und Töten unschuldiger Zivilisten, das Köpfen von Gegnern vor laufender Kamera, Vergewaltigungen und Verschleppung von Frauen, Rekrutierung von Selbstmordaktivisten und Kindersoldaten nach Indoktrinierung in Koranschulen sowie die Vertreibung von ethnischen Gruppen. Der globale „Dschihad" bekämpft nicht nur die „Ungläubigen" (Christen und Juden), sondern führt inzwischen auch Krieg gegen die eigenen moslemischen Glaubensbrüder mit dem Ziel, die Scharia als allgemeingültiges Gesetz einzuführen.

Warum geschehen all diese Greueltaten, obwohl die Menschheit aus den Kriegen des letzten Jahrhunderts anscheinend doch gelernt hat und sich neben der UN viele Politiker, sowie religiöse und humanistische Organisationen weltweit um Frieden, Gerechtigkeit und Aussöhnung bemühen?

Die Antwort liegt in der oben dargelegten Ursache, nämlich dass mit jedem neugeborenen Menschen die Seele eines „abgefallenen Engels“ auf die Erde geschickt wird, der, wenn auch in sehr unterschiedlichem Ausmass, das Böse (das ist die Ferne von Gott) unbewusst in sich trägt. Der Vorrat an „abgefallenen Engeln“ im Himmel scheint unbegrenzt zu sein. Der Mensch ist sich der Vorgeschichte seiner Seele nicht bewusst, denn sonst könnte er sich nicht frei für oder gegen Gott entscheiden. Das oberste Ziel von Lucifer und den Seinen ist es, Menschen zu töten, denn dadurch wird die Möglichkeit der freien Entscheidung gegen das Böse im Verlauf des Lebens des einzelnen Menschen unterbunden. Bei dieser Entscheidung spielt die Erziehung eines Kindes eine wesentliche Rolle. Darum ist jeder Mensch, der an der Erziehung von Kindern beteiligt ist, mitverantwortlich für die Eindämmung des Bösen in der Welt. So bleibt der Kampf gegen das Böse eine immerwährende Aufgabe. Erfolgreich kann sie nur im einzelnen Menschen oder in einer Gruppe sein. Die nachwachsende Generation muss immer wieder neu beginnen, das Böse zu bekämpfen.

15. Der Sinn des Lebens

Die Erde ist nicht so schön wie das Paradies im Himmel, wo beständige Liebe und immerwährende Glückseligkeit herrschen. Die irdische Welt ist und war erfüllt von schrecklichen Ereignissen, von Vulkanausbrüchen, Erdbeben, Tsunamis und Überflutungen, Trockenheiten und Waldbränden, denen Tausende von Menschen zum Opfer fielen. Hinzu kommen die von Menschen gemachten Tragödien, Räubereien, Kriege, Vertreibungen und Morde, die zu einer weit größeren Anzahl von Toten führten. Krankheiten können ererbt und unverschuldet sein, sind aber oft auch selbst verursacht. [22]

Unsere Vorstellungen vom Paradies beziehen sich auf eine wunderschöne Natur, in der Mensch und Tier mit den Pflanzen in harmonischer Eintracht leben. Durch die Evolution ist eine phantastische Vielfalt an Mikroorganismen, Insekten, Würmern, Fischen, Vögeln und Säugetieren entstanden, die zwar miteinander zusammenleben, doch dieses Zusammenleben beruht auf dem Prinzip des Fressens und Gefressenwerdens. In den Blüten von Pflanzen und Sträuchern entwickelte sich eine unbeschreibliche Vielfalt an Formen und Farben, deren Sinn in der Attraktion von Insekten besteht, um bestäubt zu werden, deren Schönheit aber den Menschen bezaubern kann. Durch die Geschlechtlichkeit von Pflanzen und Tieren wird eine optimale Durchmischung der genetischen Veranlagungen bewirkt, denn das evolutionäre Ziel aller Lebewesen ist die optimale Anpassung an die Umweltbedingungen, um eine maximale Vermehrung der eigenen Spezies zu gewährleisten.

So wie die Pflanzen und Tiere soll auch der Mensch wachsen, aufblühen und sich vermehren, um dann zu altern und zu sterben. Im Verlauf des Lebens soll er seine Talente, Fähigkeiten und Begabungen frei entfalten und sein Leben nach eigenen Wünschen gestalten. Er soll sich freuen an sich selbst, an seiner Familie, den Mitmenschen und soll die Früchte der Natur genießen. Zum aktiven Leben gehört das Singen und Tanzen, Lachen und Weinen, Spielen und Gestalten, Denken und die Natur erforschen, auch wenn sie nie ganz verstanden werden kann. Der Mensch soll sich an den Früchten der Natur erfreuen und Essen und Trinken genießen, denn sie sind mehr als nur lebenserhaltende Notwendigkeit. Er soll auch die Werke des menschlichen Erfindungsgeistes nutzen, sich daran erfreuen und sie genießen. Dazu gehören der elektrische Strom, die Telekommunikationsmedien, die Eisenbahn, das Auto und das Flugzeug. Er soll auch den häuslichen Komfort genießen, wie z. B. fließendes warmes und kaltes Wasser, das Badezimmer mit dem WC, die Zentralheizung, die Klimaanlage, die Waschmaschine und die Spülmaschine.

Doch bei allem zielstrebigen Tun stoßen wir immer wieder auf Widerstände, weil das, was wir wollen, den anderen oft nicht gefällt. Nach den oben beschriebenen Vorstellungen über die Herkunft des Menschen und die Ursache des Bösen impliziert das aktive pulsierende Leben der Menschen auch eine irdische Fortsetzung des himmlischen Kampfes zwischen Lucifer und Michael. In unserer Welt kämpfen gute Geister (Engel) mit bösen Geistern (abgefallene Engel), die nach Macht und Herrschaft über Mensch und Natur streben. Dieser Kampf findet sowohl in jedem Menschen selbst als auch unablässig zwischen den Menschen, Gruppen und Völkern verschiedener Herkunft statt und ist Ursache für alles menschengemachte Leid auf Erden. Es handelt sich immer um die Frage, wessen Wille sich durchzusetzen vermag. Der Sinn menschlichen Lebens ist daher letztendlich der Versuch, aus der Verstrickung mit den bösen Kräften in uns und um uns herum einen guten und positiven Ausweg zu finden. Im „Vater-unser"-Gebet des Neuen Testaments heißt es: *„Dein Wille geschehe, wie im Himmel so auf Erden"* (Mat 6,10). Doch was ist der Wille Gottes auf der Erde?

Gut zu den Mitmenschen zu sein und sie zu respektieren, scheint allein nicht zu genügen, um ein vollkommenes Leben zu führen. Im Alten [Dtn. 6,5; Lev 19,18] und im Neuen Testament [Mat. 22, 37-39] steht das Gebot: *„Du sollst den Herrn, deinen Gott, lieben mit ganzem Herzen, mit ganzer Seele und mit all deinen Gedanken.*

Das ist das wichtigste und erste Gebot. Ebenso wichtig ist das zweite: Du sollst Deinen Nächsten lieben wie dich selbst." Danach genügt es nicht, freundlich, hilfsbereit und lieb zu den Mitmenschen zu sein. Vielmehr wird verlangt, dass wir „*Gott mit ganzem Herzen, mit ganzer Seele und mit all unseren Gedanken*" lieben. Ist das wirklich nötig? Offenbar braucht der Mensch keinen Gott, um seinen Lebensplan in der Welt zu verwirklichen. Denn auch ohne an Gott zu glauben kann er ein sittliches Bewusstsein haben, kann er moralisch handeln und dadurch Respekt und Anerkennung bei seinen Mitmenschen gewinnen. Das gelingt aber nur dann, wenn er sein Ich zurücksetzt, den anderen Empathie und Liebe entgegenbringt und eine höhere Autorität als die eigene anerkennt.

Über den Sinn menschlichen Daseins haben schon die Griechen philosophiert. In der Antike war am Tempel des Apoll in Delphi für alle sichtbar der Spruch zu lesen: „*Erkenne dich selbst*" (‚Gnothì Seautón'). Im Innern des Tempels erfolgte die Fortsetzung des Satzes: „*... dann erkennst du Gott.*" Wahre Selbsterkenntnis führt so immer zur Erkenntnis des Göttlichen. Darum sind Denken und Vernunft die Grundlage sittlichen Handelns, das aber immer mit dem Respekt vor einer göttlichen Autorität verbunden sein muss.

16. Literatur

[1] Reinhold F. Glei: *Et invidus et inbecillus. Das angebliche Epikurfragment bei Laktanz. De ira dei* 13, 20–21, in: *Vigiliae Christianae.* 42 (1988), S. 47–58.

[2] Wolfgang Klosterhalfen: Religionskritische Zitate, http://www.reimbibel.de/Zitate.htm

[3] Gerhard Roth: *Aus Sicht des Gehirn*, Suhrkamp, Frankfurt/Main 2003.

[4] Albert Einstein: Teil des Textes *Mein Glaubensbekenntnis* geschrieben Ende August 1932 in Caputh.

[5] Friedrich Nietzsche: *Der Wille zur Macht.*

[6] Hartmut Krauss (als Herausgeber): *Das Testament des Abbé Meslier.* [EA 1976]; übers. v. Angelika Oppenheimer, Hintergrund Verlag, Osnabrück 2005.

[7] Ludwig Feuerbach: *Vorlesungen über das Wesen der Religion,* Leipzig 1851, XX. Vorlesung.

[8] Friedrich Nietzsche: *Die Fröhliche Wissenschaft.*

[9] Siehe z. B. Richard Dawkins: *Das egoistische Gen*, Spektrum Akademischer Verlag Heidelberg, 2008; Originalausgabe: ‚The Selfish Gene', 1976.

[10] Richard Dawkins: *Der Gotteswahn*, Ullstein Buchverlage GmbH, Berlin 2007; Originalausgabe: *The God Delusion*, Bantam Press, London, 2006.

[11] Hans-Jürgen Quadbeck-Seeger: Aphorismen & Zitate über Natur und Wissenschaft, Viley-VCH Verlag & Co. KgaA, Weinheim 2013, S. 264.

[12] Mark A. Gabriel: *Jesus und Mohammed, erstaunliche Unterschiede und überraschende Ähnlichkeiten*, Verlag Dr. Ingo Resch GmbH, Gräfelfing, 2006.

[13] Mosab Hassan Yousef: *Sohn der Hamas. Mein Leben als Terrorist*, SCM Häussler im SCM-Verlag GmbH & Co. KG, 2010.

[14] Emil Mattiesen: *Das persönliche Überleben des Todes* I-II, 1936; III, 1939; Knoblauch, 1999.

[15] Raymond A. Moody: *Leben nach dem Tod*, 1977; *Nachgedanken über das Leben nach dem Tod*, 1978; Elisabeth Kübler-Ross, *Interviews mit Sterbenden*, 1969, 2001.

[16] Raymond A. Moody: *Das Licht von drüben*, Rowohlt Verlag, 1989.

[17] Dr. med. Eben Alexander: *Blick in die Ewigkeit. Die faszinierende Nahtoderfahrung eines Neurochirurgen*, Ansata Verlag München, 2013. Originaltitel: *Proof of Heaven*, 2012.

[18] H. Knoblauch: *Berichte aus dem Jenseits. Mythos und Realität der Nahtod-Erfahrung*, Verlag Herder, Freiburg im Breisgau, 1999.

[19] siehe z. B.: Walther Hinz: *Woher wohin*, Kp 14. ABZ Verlag, Zürich, 1980.

[20] Origenes: *Vier Bücher von den Prinzipien*, übers. und hrsg. von Herwig Görgemanns und Heinrich Karpp, Wissenschaftliche Buchgesellschaft, Darmstadt 1976, S. 203–213.

[21] aus der Broschüre: *Alle denken das Gleiche, Gott existiert* Verlag KJG Neustadt, 1990?

[22] siehe z. B. Bernhard Kadenbach: *Der Mensch, ein elektrisches Wesen*, Chemie in Unserer Zeit (2015) 49, 2–7.

Der Autor

Bernhard Kadenbach wurde am 21. 8. 1933 in Luckenwalde geboren. Nach dem Abitur studierte er Chemie an der Humboldt-Universität in Berlin. Die Diplomarbeit fertigte er bei der Deutschen Akademie der Wissenschaften in Berlin-Buch an. 1960 verbrachte er einen Forschungsaufenthalt am Wenner-Gren Institut in Stockholm. Er promovierte 1964 an der Philipps-Universität in Marburg. Seit 1968 war er als wissenschaftlicher Assistent an der Universität München tätig. 1970 wurde er an der Universität Konstanz habilitiert. Von 1971–1973 war er Oberassistent und Dozent am Laboratorium für Biochemie der Eidgenössischen Technischen Hochschule in Zürich. 1973 wurde er Professor für Biochemie am Fachbereich Chemie der Universität in Marburg. Von 2003 bis 2010 forschte er im Labor der Herzchirurgie im Biomedizinischen Forschungszentrum der Universität.
Bernhard Kadenbach ist seit 1964 verheiratet. Aus seiner Ehe sind zwei Kinder hervorgegangen.

novum VERLAG FÜR NEUAUTOREN

Der Verlag

Wer aufhört
besser zu werden,
hat aufgehört
gut zu sein!

Basierend auf diesem Motto ist es dem novum Verlag ein Anliegen neue Manuskripte aufzuspüren, zu veröffentlichen und deren Autoren langfristig zu fördern. Mittlerweile gilt der 1997 gegründete und mehrfach prämierte Verlag als Spezialist für Neuautoren in Deutschland, Österreich und der Schweiz.

Für jedes neue Manuskript wird innerhalb weniger Wochen eine kostenfreie, unverbindliche Lektorats-Prüfung erstellt.

Weitere Informationen zum Verlag und seinen Büchern finden Sie im Internet unter:

www.novumverlag.com